G

BIBLIOTHÈQUE

PORTATIVE

DES VOYAGES.

TOME IX.

CONDITIONS DE LA SOUSCRIPTION.

L'ouvrage sera publié en 12 *livraisons*, qui seront mises en vente de mois en mois, à dater du 15 *Mai* ; chaque livraison sera composée de 4 volumes ; la dernière seule en aura 5, et sera néanmoins du même prix que les précédentes.

Le prix de chaque livraison, pour les personnes qui souscriront avant le 1er *Juillet prochain*, est fixé, sur papier fin, à . . 5 fr.

Papier d'Angoulême, Nom-de-Jésus. . 8

Papier vélin satiné, fig. avant la lettre. 10

Papier vélin satiné. Nom-de-Jésus, figures avant la lettre.. 15

Passé le 1e Juillet, le prix pour les non-souscripteurs, sera, en papier fin. . 6

Papier d'Angoulême, Nom-de-Jésus. . 10

Papier vélin satiné.. 12

Papier vélin satiné, Nom-de-Jésus.. . 20

Il faut ajouter 1 fr. 50 c. au prix de chaque livraison pour recevoir l'ouvrage franc de port par la poste.

ON NE PAYE RIEN D'AVANCE.

DE L'IMPRIMERIE DE G. MUNIER. — AN VII.

Pl. I.

J. Bruce.

Gravé par Tardieu l'Aine. Rue de Sorbonne. N.º 383.

Sources du Nil.

BIBLIOTHÈQUE

PORTATIVES

DES VOYAGES,

TRADUITE DE L'ANGLAIS

Par MM. HENRY *et* BRETON.

TOME IX.

~~~~~~~~~~

ATLAS DE BRUCE.

TOME IX.

PARIS,

Chez Mme LEPETIT, libraire, rue
Pavée-Saint-André-des-Arcs, n.º 2.

1817.

ATLAS

DU VOYAGE

AUX

SOURCES DU NIL.

HISTOIRE NATURELLE.

BALESSAN, BAUME,
ou BALSAM.

C'EST dans le pays de la myrrhe,
derrière Azab, et tout le long de la
côte qui s'étend vers le détroit de
Bal-el-Mandel, que vient l'arbre
de baume. Là, il s'élève à la hau-

teur de quatorze pieds. Il y croît
naturellement et sans avoir besoin
d'aucune espèce de culture. On le
coupe souvent pour le brûler,
comme nous coupons nos arbres les
plus communs. Nous ne devons pas
douter que le baume ne fût trans-
planté très anciennement en arabie,
c'est à dire, dans cette partie de
l'Arabie heureuse, qui est précisément en face de la côte d'Azab : car
la partie montueuse de l'Arabie est
trop froide pour cet arbre, puisque
l'eau y gèle.

Le premier endroit où le baume
réussit est à Pétra, ancienne capi-
tale de l'Arabie, et maintenant
connue sous le nom de Beder, ou
de Beder-Hunein. C'est de là que
j'ai eu le pied, qui m'a servi de mo-

dèle pour le dessin de la planche qu'on voit ici.

Les anciens estimoient singulièrement trois différentes productions de l'arbre de baume. La première étoit l'Opobalsamum, où le suc du Balsam, qui est cette liqueur verte qu'on trouve dans le noyau du fruit; la seconde, le Carpobalsamum, qu'on tire du fruit même, en le pressant quand il est dans sa maturité; la troisième, le Xylobalsamum, la moins précieuse des trois, et qui est une décoction des bourgeons et des jeunes branches rougeâtres. L'on ramasse encore de ces jeunesbranches, et on les envoie à Venise, où elles entrent dans la composition de la thériaque et de quelques autres remèdes. Mais la

plus grande quantité de baume s'òb-
tenoit autrefois , et s'obtient encore
par le moyen d'une incision faite à
l'arbre.

On choisit le temps où la séve
est dans toute sa vigueur , comme
en juillet , août et au commencement de septembre. On reçoit
le baume dans un petit vase de
terre ; et chaque jour on le verse
dans un plus grand , qu'on tient
bien bouché.

L'Opobalsamum , ou le suc qui
découle du Balsam , est , dès l'instant même qu'on le recueille , léger ,
d'une couleur jaune , et un peu
trouble. Il a un coup-d'œil blanchâtre , qui , je crois , ne provient
que des globules d'air qui y circu-
lent , quand il est dans sa première
fermentation.

fermentation. Dès qu'on secoue la bouteille, ce baume paroît avoir très-peu de consistance. A mesure qu'on le laisse reposer et se refroidir; il devient sain; et perdant cette couleur laiteuse, qu'il avoit d'abord en découlant de l'arbre, il a une véritable couleur de miel et devient plus fixe et plus pesant. Gardé deux ans, il est absolument de couleur d'or. L'odeur de ce suc est d'abord très-violente et porte à la tête : mais cette force diminue, à mesure que le baume vieillit, et même elle se perd bientôt, si l'on néglige de bien boucher la bouteille. Il y a apparence que, malgré tous les soins possibles, le temps seul, à la longue, produiroit le même effet.

Atlas.   B

Quand le baume est frais et pur, il se délaye facilement dans l'eau. Il a un goût âcre et piquant. Les Arabes s'en servent contre tous les maux d'estomac et les coliques intestines. Il est reconnu pour un puissant anti-septique, et propre à préserver de toute contagion pestilentielle. Toutes ces qualités lui sont communes avec les divers baumes que nous avons reçus du Nouveau-Monde: mais il est toujours employé comme une drogue cosmétique, singulièrement estimée par les femmes, sur-tout en Orient. Voici comment elles s'en servent. Elles prennent d'abord un bain tiède, afin que tous leurs pores soient bien ouverts. Ensuite elles se frottent la peau avec un peu de baume; et elles obtiennent ainsi l'avantage de conserver leur beauté et la fraîcheur de la jeunesse.

La figure du Balsam que je donne ici est très-exacte. L'arbre avoit cinq pieds deux pouces de hauteur, à partir de la racine, jusqu'au point où il commençoit à se diviser en branches. Le bois en étoit léger, poreux et hors d'état de pouvoir être poli. L'écorce de l'arbre de baume est d'un bleu blanchâtre, et semblable à celle d'un jeune cerisier; mais une partie de cette écorce est pourtant d'un rouge brun. Comme ces arbres, qui sont exposés à des vents neigeux, ou à l'air de la mer, celui-ci est aplati vers le faîte, ce qui lui donne un air rabougri. Il est sur-tout remarquable par la rareté des feuilles. Les fleurs sont blanches et rondes. Elles ressemblent à celles de l'acacia, excepté néanmoins qu'elles pendent par petits bouquets de trois en trois. Deux de ces trois fleurs tombent et ne laissent qu'un seul fruit, qui vient toujours sur les branches qui ont poussé la même année, et qui sont rouges et plus dures que le vieux bois.

SASSA, MYRRHE
ET OPOCALPASUM.

Me promenant un jour à Emfras, village mahométan, à vingt milles de Gondar, je vis un grand arbre dont tout le haut du tronc et les grosses branches avoient tant de bosses et de nœuds de gomme, qu'il en étoit défiguré. Je m'informai de ce qu'étoit cet arbre, et l'on me répondit, que les marchands l'avoient apporté depuis plusieurs années du pays de la Myrrhe, à cause de sa gomme, qui servoit à lustrer les toiles bleues de Surate, lorsqu'elles venoient gâtées de Moka. Ni l'origine de cet arbre, ni sa gomme ne purent me laisser douter un moment qu'il ne fût de la même espèce que des branches qu'on m'avoit précédemment apportées du pays de la Myrrhe, et j'eus de plus le plaisir de le voir couvert de superbes fleurs cramoisies, d'une forme très-extraordinaire.

L'arbre est au moins de la hauteur de nos grands ormes. Celui qui m'a servi de modèle pour le dessin qu'on voit ici, avoit deux pieds de diamètre. La gomme couvre presque tout le tronc et les principales branches de l'arbre de Myrrhe. Elle sort en gros globes, qui pèsent quelquefois jusqu'à deux livres chacun, quoique cette matière soit naturellement très-légère.

L'écorce de l'arbre est fort mince et d'un bleu blanchâtre, comme celle des jeunes cerisiers. Le bois

est blanc et très-dur ; mais les jeunes
branches qui portent des fleurs sont
rouges. Les feuilles sont jointes de
chaque côté de ces mêmes branches,
par un pédicule très-fort. Elles sont
deux à deux, c'est-à-dire, vis-à-vis
l'une de l'autre, et il n'y en a jamais
une seule à l'extrémité. Ces feuilles
sont très-lustrées des deux côtés ;
mais le dehors en est plus luisant
encore que le dedans. Les branches
qui les portent, en sont toujours dépourvues à un pouce de la branche
principale qui les produit. Chaque
petite branche a ordinairement
quatorze feuilles, de la longueur
de trois quarts de pouce. A l'extrémité des branches sont des nœuds,
d'où partent trois jets minces et
déliés, de la longueur d'un pouce

et demi ; et au bout de chaque jet,
il y a un grand nombre de petits
tubes , qui, en s'ouvrant laissent
sortir un long pistil. Le bout du
tube, divisé en cinq segmens, ou
pétales, va jusqu'au tiers du pistil,
et a précisément la forme d'un
calice. De ce tube sort un grand
nombre de filamens d'un rouge
violet, terminé par une petite em-
preinte de pourpre. Un autre ré-
seau de filamens encore plus fins,
également marqués de pourpre, se
trouve à l'extrémité du pistil dont
le bout est arrondi, comme s'il
formoit un fruit. Sans un dessin
exact de cette fleur, il seroit très-
difficile d'en comprendre la description. Rien n'est plus beau, plus
magnifique que l'ensemble qu'elle

offre : mais elle est sans odeur. La tête est composée d'une trentaine de ces filamens, qui font une touffe superbe, de couleur changeante. Au coucher du soleil, les feuilles qui garnissent les deux côtés des branches, se replient l'une vis-à-vis de l'autre, comme les sensitives. Je n'ai point vu le fruit, ou la semence de cet arbre, à moins que cette semence ne soit le globule qui est au bout du pistil, et qui paroît bien peu proportionné à un arbre si gros.

La gomme du Sassa, mise dans l'eau, se blanchit et perd sa viscosité. Elle ressemble beaucoup pour la qualité, à la gomme adragan, et l'on peut en avaler sans danger. Lorsqu'on la fait brûler, elle exhale un parfum, infiniment plus doux que l'encens.

KOL-QUAL.

Le Kol-qual est un arbre dont le bas est d'un bois solide., et le haut, spongieux-, aqueux et dépourvu de feuilles. Mais au milieu, il a des branches alongées, dentelées et épineuses, qui le garnissent de tous côtés. A l'extrémité de ces branches poussent des roses de la couleur de l'or le plus brillant, et formées de cinq pétales oblongs. Quand ces fleurs tombent, elles sont remplacées par un fruit triangulaire, d'abord vert et rougeâtre, et à mesure qu'il mûrit, devenant d'un cramoisi foncé, mais bariolé de blanc à ses deux extrémités. En dedans sont trois cellules, dans

chacune desquelles il y a une graine.
Ces cellules sont d'un blanc ver-
dâtre, et les graines, dures et très-
sèches : mais en revanche, les
feuilles contiennent une incroyable
quantité d'une liqueur laiteuse et
bleuâtre, qui est très-caustique.

Quand l'arbre vieillit, les branches se flétrissent, et au lieu de
cette eau laiteuse, on ne trouve
plus qu'une poudre, si violente,
que celle qui se répandit dans l'air,
quand je frappai une de ces branches, me fit très-long-temps éter-
nuer. Mes doigts, pour avoir tou-
ché du lait des branches vertes,
furent écorchés comme si je les
avois trempés dans de l'eau bouil-
lante.

WANZEY.

Cet arbre s'élève à la hauteur de dix-huit ou vingt pieds. Son tronc, ordinairement, a trois pieds, ou trois pieds et demi, jusqu'aux premières branches. Ces branches, au nombre de quatre ou cinq, sont très-fortes. Elles ont au moins soixante degrés d'inclinaison, mais jamais davantage; et elles sont en grande partie nues, parce que l'écorce du côté du tronc est épaisse, dure, et pleine de rugosités. Mais au-dessus de celles-ci sortent un grand nombre d'autres branches, tout autour de l'arbre, et par ce moyen, le Wanzey a la forme arrondie de nos jeunes poiriers. Le

bourgeon

bourgeon qui contient la fleur, est un périanthe indivisé, rouge et marqué d'une manière très-régulière, avant qu'il fleurisse. Quand la fleur sort, les bords du premier calice s'ouvrent en segmens irréguliers, qui ne répondent nullement à ceux qui étoient indiqués avant la floraison.

La fleur est monopétale et ressemble à un entonnoir. Elle est blanche, et quand elle est dans toute sa perfection, elle se replie sur ses bords. Quoiqu'elle paroisse quelquefois s'ouvrir en segmens, il n'y en a jamais que par accident; et les bords sont naturellement unis et sans aucune séparation.

Le pistil n'est qu'un fil très-foible, dont le bout est partagé en

Atlas. C

deux, et couvert d'une petite poussière jaune. Quelquefois aussi ce pistil est séparé en trois. Le fruit est bien formé dans le calice qui renferme la fleur. Il est terminé par une espèce de petite touffe, qui tombe en dehors, et le pistil demeure au bout du fruit. Ce fruit est d'abord mou, mais ensuite il prend la consistance d'un noix. Il est couvert d'une enveloppe mince et verte, qui dessèche et devient une coquille dure et ridée. La feuille du Wanzey est, en dedans, d'un vert-noir, sans lustre, et en dehors, d'un vert-jaunâtre, également terne. Elle est arrondie par le bout. Ses côtes sont en petit nombre, mais très-fortes et marquées en dehors et en dedans.

Je ne crois pas que quelque partie
de cet arbre soit de la moindre
utilité, quoique vraisemblablement
il doive avoir quelque propriété,
qu'on ne manqueroit pas de décou-
vrir, si des hommes instruits l'ob-
servoient avec attention.

Le bois du Wanzey est d'un tissu
serré et pesant. L'arbre a beaucoup
d'aubier blanc : mais le cœur est
d'un brun noir et rougeâtre.

KOUARA.

La branche que l'on voit ici, est si exactement rendue dans toutes ses parties, qu'il est inutile de décrire l'arbre d'une manière détaillée. Cet arbre est ce que les naturalistes appellent un corallodendron, nom qui vient sans doute de la couleur des fleurs et du fruit, qui sont rouges comme du corail.

Le fruit est une espèce de féve, avec une marque noire dans le milieu. Il est renfermé dans une coque ronde extrêmement dure. Les féves du kouara, dès les premiers âges du monde, servoient de poids aux Shangallas, dans le commerce de l'or. Quand elles sont

bien sèches, elles ne varient presque pas de poids. Ainsi , c'étoit
peut-être , la seule chose qui pouvoit le mieux convenir aux ven-
deurs et aux acheteurs.

La féve du kouara est appelée
carat, d'où dérive la manière d'es-
timer l'or, plus ou moins fin, à
tant de carats. Du pays de l'or,
en Afrique , le carat passa dans
l'Inde , où il servit à peser les
pierres précieuses , et sur-tout les
diamans.

WALKOUFFA.

Quoique le dessin de cet arbre ne soit pas plus exact dans ses détails que les autres objets d'histoire naturelle, qui sont représentés ici, il m'a coûté plus de soin, par rapport à son inimitable beauté, et je crois que c'est de tous mes dessins, le mieux exécuté.

La fleur consiste en cinq pétales, qui se recouvrent, ou s'appuient l'un l'autre, de manière que leur forme est d'abord celle d'une coupe régulière. Bientôt elles s'épanouissent tout-à-fait, comme font la plupart des fleurs de l'espèce des roses, et elles s'effeuillent. La fleur du walkouffa est très - blanche, et dans le milieu, elle a un petit tissu, d'un très-beau violet.

Le pistil est un tube jaune, divisé par le bord en cinq segmens, et attaché sur ce qui paroît être le germe du fruit ; mais jamais je n'ai vu ce fruit dans un état de perfection ; et les Abyssins m'ont assuré qu'il n'en provenoit qu'une petite graine ronde et noire.

WOUGINOUS , ou BRUCEA ANTIDYSENTERICA.

Cet arbuste croît dans la plus grande partie de l'Abyssinie, mais sur-tout dans le Ras el Feel, où la dyssenterie fait des ravages continuels.

Quelques semaines avant mon départ de Gondar, je fus attaqué de cette maladie, et j'employai les remèdes connus , qui cependant ne me guérirent pas entièrement. J'en fus attaqué de nouveau, et avec fureur, lors de mon séjour de mauvais augure à Hor-Cacamot, où j'eus la plus affreuse perspective; car j'allois traverser le royaume de Sennaar, dans la saison où la même maladie y règne avec la plus grande violence.

Quelques Shangallas, étant venus dans le Ras el Feel, m'indiquèrent le remède au mal qui me tourmentoit. Le Wouginous a une racine longue, dure, presque aussi grosse qu'un panais, et recouverte d'une peau qu'on enlève aisément. L'écorce est sans fibres jusqu'au bout où la racine se partage en deux. Après que l'un des Shangallas eut détaché une légère membrane, qui tapissoit le dedans de cette écorce, il la mit sécher, et ensuite il la broya dans un mortier.

Il me fit d'abord prendre dans un gobelet de lait de chameau, une pleine cuillerée à café de cette poudre ; et je renouvelai la dose, le même jour. Je pris , le lendemain , une tasse d'une infusion de la même drogue, aussi dans du lait de chameau , mais au moment qu'on venoit de le traire. Je me sentis , le premier jour , une soif violente : mais on me défendit de boire ni eau , ni bière. Cependant , je bus en secret un peu d'eau , qui avoit bouilli , que je laissai ensuite refroidir , et dans laquelle je mêlai quelques gouttes d'eau-de-vie. Je ne puis pas dire que je trouvasse , le premier jour, aucun changement ; mais le second jour, je me sentis infiniment mieux ; et je fus tout-à-fait bien , le sixième et le septième jours. Je ne m'aperçus point que le Wouginous

m'occasionnât des évacuations ex-
traordinaires, ni qu'il eût d'autre
effet soudain que de me causer
une grande soif, qui diminuoit au
bout d'un certain temps.

Les botanistes ne connoissoient
point le Wouginous. J'en apportai
des graines en Europe, et l'arbuste
est fort bien venu dans tous les
jardins : mais il n'a donné jamais
de quoi se reproduire. Sir Joseph
Banks , président de la société
royale , eut l'honnêteté de nommer
cet arbuste d'après mon nom.

La feuille est longue, pointue ,
très-unie, et sans aucune apparence de côtes latérales. Le dedans
est d'un vert foncé, et le dehors, un
peu plus clair. Les feuilles sont deux
à deux , une de chaque côté de la

branche , qui est terminée par une impaire. Le calice est un périanthe divisé en quatre segmens. La fleur a quatre pétales , chacun avec une forte côte , qui descend depuis le centre jusqu'à la base. Au lieu de pistil , elle a un petit calice, autour duquel s'élèvent , entre les segmens du périanthe et les pétales, quatre foibles étamines , avec un fort stigmate cramoisi, qui a la forme d'une féve de café , et qui se partage par le milieu.

TEFF

T E F F.

Cette espèce de grain est cultivée dans toute l'Abyssinie, où toutes sortes de terrains semblent lui convenir également, et elle sert à faire une grande partie du pain qui se consomme dans ce pays. Les Abyssins ont cependant beaucoup de froment. Ils en ont même d'une qualité supérieure ; et la farine qu'ils en tirent donne du pain, aussi beau que tout autre pays du monde, et qu'on réserve aux personnes du premier rang. Le Teff, au contraire, sert à tout le monde, depuis le roi jusqu'au dernier de ses sujets ; et il y en a d'une qualité, qu'on estime pour le moins

Atlas. D

autant que le plus beau froment.
La farine en est tout aussi blanche.
On en fait du pain plus léger et
d'une digestion plus facile. Il y a
d'autre Teff, qui rend du pain moins
blanc ; et il s'en trouve enfin, qui en
donne de presque noir.

La cause de cette variété est aisée
à deviner. Le Teff demande un terrain léger et peu humide, sans être
jamais sec. Plus le terrain est léger, plus la pellicule est mince,
et plus la farine est blanche. Le Teff
qu'on recueille avant les grandes
pluies de l'arrière-saison, est aussi
de meilleure qualité. Enfin, la
beauté de la farine dépend beaucoup de la manière dont on crible
et dont on moud le grain.

La plante du Teff est composée

d'un grand nombre de feuilles minces, du milieu desquelles sort un tuyau d'environ vingt-huit pouces de long. Ce tuyau, de distance en distance, a plusieurs nœuds, qui le rendent inégal et tortueux. A huit pouces du sommet, il se divise en plusieurs petites branches, qui portent les fleurs et le grain. Les fleurs sont de couleur cramoisie, mais si petites que l'œil ne peut les distinguer qu'à leur couleur. Le pistil, partagé en deux, est attaché au germe du fruit, et, de chaque côté, il a une petite houppe de filamens très-déliés. Les étamines sont au nombre de trois, dont deux du côté d'en bas du pistil, et la troisième du côté d'en haut. Chacune est couronnée de deux stigmates ovales, d'abord verts et ensuite de couleur cramoisie. Les grains sont formés dans une enveloppe, consistant en deux feuilles creuses, de forme conique ; et qui, en se joignant, font une petite cosse conique et très-pointue. Ces grains sont oblongs, et gros, tout au plus, comme la tête d'une épingle : mais ils sont en si grande quantité, que les récoltes du Teff rendent toujours beaucoup, et servent, en grande partie à nourrir les Abys-

QUADRUPEDES.

Je crois que de tous les pays du monde, l'Abyssinie est celui qui produit la plus grande variété de quadrupèdes, soit domestiques, soit sauvages. On y voit par-tout des bœufs, qui diffèrent entr'eux, soit par la taille, soit par la grandeur, ou la conformation des cornes, et même parce que plusieurs n'en ont point du tout. Quelques-uns sont chargés de bosses énormes; quelques autres sont sans bosse. Ils diffèrent aussi par la couleur. Ceux-ci enfin, ont le poil ras ou long, suivant le climat où ils paissent.

Parmi les animaux sauvages qu'on voit en Ethiopie, il y a un nombre

D 3

prodigieux de gazelles, ou d'anti-
lopes de différentes espèces. Ces an-
tilopes se trouvent rarement dans
les pays cultivés où l'on fait paître
le bétail. Comme elles broutent les
arbres, elles se tiennent pour la
plupart dans les terrains les plus
inégaux, le long des rivières, où
elles se couchent et dorment sous
les buissons pendant la chaleur du
jour.

On ne voit en Abyssinie que peu
de variétés dans l'espèce des chiens
et dans celle des renards. Parmi
ces derniers les plus nombreux sont
les jackals, qui ressemblent absolument à ceux qui chassent par
troupes en Syrie et en Barbarie,
et qui ont coutume de hurler, le
matin et le soir. On trouve souvent

aussi, dans les marais et sur les bords des rivières couvertes de bois, des sangliers qui sont moins grands, et ont le poil moins roide que ceux de Barbarie et d'Europe, mais qui d'ailleurs leur ressemblent absolument.

L'éléphant, le rhinoceros, la giraffe sont des habitans du Kolla. Ni le lion, ni le léopard, ni la panthère ne paroissent point sur les montagnes ni dans les pays cultivés. Il n'y a point de tigres en Abyssinie, ni je crois, dans aucune autre partie de l'Afrique. Le tigre est un animal d'Asie.

Des troupes innombrables de singes ravagent les champs de millet dans toute l'Abyssinie. Je n'ai jamais vu un seul lapin dans ce pays : mais il y a beaucoup de lièvres. Les Abyssins regardent ceux - ci comme immondes. Mais si l'homme ne leur fait point la guerre, ces animaux, d'un autre côté, trouvent des ennemis dans la grande quantité d'aigles, de vautours et d'autres oiseaux de proie, qui planent sans cesse sur cette vaste contrée.

———————

LE RHINOCEROS.

Les naturalistes s'accordent maintenant à dire qu'il y a deux espèces de rhinoceros. Les individus de l'une, sont armés de deux cornes au-dessus du nez, et ceux de l'autre n'en ont qu'une. L'opinion générale est aussi, que le rhinoceros à une corne, se tient exclusivement en Asie, et que celui qui en a deux ne se trouve qu'en Afrique.

Les tourneurs abyssins emploient très-souvent les cornes des rhinoceros. Ils en font des coupes que l'on vend à des gens ignorans, auxquels on fait croire qu'elles portent en elles un contre-poison. Ces cornes sont solides et très-dures. Leur couleur est en dehors d'un rouge brun, et en dedans d'un jaune d'or. Dans le centre, il y a une marque noire de près de deux pouces de diamètre, dans la partie où la corne en a cinq. Cette corne est susceptible d'un très grand poli; mais quand elle est bien sèche, elle se fend souvent. Elle se déjette aussi, et s'écaille dans les grandes chaleurs.

La première corne du rhinoceros a le bout un peu courbé en dedans; mais la courbe n'est pourtant pas aussi forte qu'elle paroît l'être dans la figure que nous en a donnée M. de Buffon. Par derrière cette première corne, c'est-à-dire, celle qui est ronde et courbée, est la corne plate et droite; et, derrière cette seconde, j'en ai vu distinctement une troisième qui commençoit à pousser, et qui avoit déja un pouce de long. Si j'en dois même juger par le diamètre de sa base, cette troisième corne étoit destinée à avoir la longueur des deux autres. Les agageers, ou les chasseurs, prétendent qu'ils voient souvent des rhinoceros armés de trois cornes, et que la troisième est ronde, mais ne se recourbe pas vers la pointe, et qu'elle n'est ni aussi longue, ni aussi pointue que la première : tel est leur témoignage que je ne garantis point. Je n'ai jamais vu moi-même de rhinoceros avec trois cornes qui eussent achevé de croître, comme j'en ai vu avec deux; et s'il est vrai qu'il y en ait effectivement, ils doivent être d'une troisième espèce. Les agageers disent encore que le mâle seul a une troisième corne, et qu'elle ne lui pousse que lorsqu'il est avancé en âge.

J'ai dit ailleurs que le rhinoceros ne se nourrit point d'herbes, mais qu'il broute les arbres. Il n'épargne pas même les plus épineux. Il semble au contraire les préférer, et il ne s'en tient pas aux petites branches : tout est bon pour satisfaire sa faim. De tous les animaux que j'ai vus, c'est celui dont la mâchoire est la plus forte et la plus propre à briser tout ce qui pourroit lui faire résistance. Il a, en tout, vingt-huit dents, dont six molaires. Quelquefois j'ai aperçu dans sa fiente, ainsi que dans celle de l'Eléphant, de petites boules de bois qui n'é-

toient

toient pas digérées, et qui avoient jusqu'à trois pouces de diamètre.

Mais, indépendamment de ces arbres dont le bois est dur, il y a dans les vastes forêts de l'Abyssinie, et dans le temps des pluies, des arbres d'un bois plus mou, plus rempli de suc. Ces arbres semblent destinés à faire la nourriture principale du rhinoceros. L'animal, pour atteindre à la cime, peut allonger sa lèvre supérieure, comme l'éléphant sa trompe. Avec sa lèvre et sa langue, il arrache les branches élevées, qui sont celles qui ont le plus de feuilles, et il les dévore les premières. Quand l'arbre est entièrement dépouillé, il ne l'abandonne pas encore ; mais plaçant son muffle aussi bas qu'il le

Atlas.   E

peut pour faire entrer sa corne
dans le bois, il le fend, en se relevant , et jusqu'à ce que tout le
tronc soit réduit en petites lattes ;
après quoi, il en presse autant qu'il
peut sous ses dents monstrueuses,
et les mange avec la même fa-
cilité qu'un bœuf mangeroit un
pied de céleri, ou toute autre plante
potagère.

Telle est aussi la manière dont
l'éléphant dévore les arbres. On
en voit à chaque pas, dans les
déserts de l'Abyssinie , sur les-
quels cette opération a été commen-
cée. On y trouve même les tronçons,
qui ne sortent plus de terre que
d'un pied, le reste ayant été entièrement détaché , à coups de dents.
Les arbres, que l'animal détruit ainsi,

sont toujours tendres et pleins de suc.

L'éléphant ne mange pas plus d'herbe que le rhinoceros. S'ils étoient obligés, l'un et l'autre, de s'en nourrir, ils courroient souvent risque de périr de faim. Dans certaines saisons, l'herbe sèche sur pied, et dans d'autres, souvent les Shangallas y mettent le feu.

La langue du rhinoceros est encore un objet de dispute. Quelques auteurs ont dit que cet animal l'avoit si rude, qu'il pouvoit aisément détacher la chair de dessus les os de l'homme; et d'autres prétendent, au contraire, que le rhinoceros a la langue aussi douce que celle d'un veau. Ces deux rapports opposés sont cependant vrais jusqu'à certain point. La langue du

jeune rhinoceros est douce : mais
la peau en est plus épaisse que
celle de la langue d'un veau, et
elle a des espèces de fentes et de
rides , et non des tubercules appa-
rens , ni rien qui annonce qu'elle
doive en avoir. Mais la langue et
le dedans des lèvres d'un vieux
rhinoceros sont excessivement rudes ; et cela vient sans doute de ce
que l'animal est sans cesse occupé
à saisir avec la bouche, les branches des arbres , dont l'écorce est
raboteuse , telle, par exemple que
celle de l'acacia.

C'est quand le rhinoceros est
poursuivi et effrayé , que l'on peut
juger de sa vîtesse, qui paroît vrai-
ment prodigieuse, sur-tout en con-
sidérant le volume énorme de son

corps , son poids et le peu de longueur de ses jambes. L'animal est
long ; et quand il court, il prend un
trot redoublé, qui lui fait faire en
peu de temps beaucoup de chemin.
Néanmoins il ne faut pas croire
qu'il coure en plaine plus vîte
qu'un cheval. Je l'ai dépassé aisément, ainsi que l'ont fait d'autres
personnes moins bien montées que
moi. Quoiqu'il soit vrai qu'un
homme à cheval ne puisse guère
le joindre, il faut moins l'attri-
buer à sa vîtesse qu'à la ruse. Il
traverse continuellement d'un bois
dans l'autre , et s'enfonce toujours dans les endroits les plus
fourrés.

Le rhinoceros a les yeux très-
petits. Il tourne rarement la tête;

E 3

et conséquemment il ne voit que ce qui est droit devant lui. C'est ce qui cause ordinairement sa mort; car il n'échappe jamais, si le lieu où on le poursuit, est assez spacieux, assez découvert, pour qu'un cheval puisse le dépasser. Son orgueil et sa furie lui font dédaigner de se sauver par tout autre moyen que la victoire.

En parlant de la quantité de nourriture nécessaire à cette énorme masse, on doit considérer de plus, la grande quantité d'eau qu'elle a besoin d'avaler. Aussi le rhinoceros ne peut-il habiter que le pays des Shangallas, pays inondé par six mois de pluies continuelles.

Cependant, ce n'est pas seulement pour boire, que cet animal

monstrueux fréquente le bord des
étangs et des rivières. La mouche,
cette implacable ennemie de tous
les animaux qui vivent dans les
terrains gras et noirs, n'épargne
point le rhinoceros et ne redoute
point sa férocité. Elle l'attaque de
la même manière qu'elle attaque
le chameau, et elle l'immoleroit
tout aussi aisément, sans un stra-
tagême par le moyen duquel il se
défend contre son aiguillon. La
mouche exerce ses fureurs dans la
saison des pluies, où toute la terre
noire du Kolla n'est qu'un bour-
bier. Le rhinoceros attend la nuit,
temps où la mouche repose ; et,
choisissant un endroit commode,
il se roule dans la boue, et se couvre d'une espèce de cuirasse qui, le

lendemain, le garantit des piqûres de son ennemie. Les rides, les plis de son cuir servent à retenir cette boue dont il s'est couvert. Ce n'est guère que sur le bord de ses lèvres, sur ses épaules et sur ses jambes, qu'il s'en détache quelques placards, à mesure qu'il se remue, ce qui laisse ces endroits exposés aux attaques de la mouche. La douleur qu'il souffre alors, l'oblige à se frotter contre les arbres les plus rudes. C'est de là que viennent ces tubercules que l'on voit sur cet animal et sur l'éléphant.

Le rhinoceros aime tant à se vautrer ainsi dans la boue, qu'on entend ses grognemens à une très-grande distance. Son plaisir et l'obscurité de la nuit sont causes qu'en cet instant il oublie sa vigilance ordinaire. Les chasseurs, guidés par le bruit qu'il fait, se glissent secrètement auprès de lui; et, tandis qu'il est couché, ils lui lancent leurs javelines dans le flanc, partie du corps de l'animal où la blessure est mortelle.

Le rhinoceros n'a d'autres poils que ceux qu'il porte au bout de sa queue. Ces poils, peu nombreux, sont écartés et de la grosseur d'une forte corde de harpe.

Celui, dont je donne ici le dessin, avoit treize pouces de long, depuis le museau jusqu'au bout de la croupe, et près de sept pieds de haut, depuis la plante des pieds jusqu'à l'épaule. Sa première corne étoit de quatorze pouces de long, et

la seconde, d'un peu moins de treize.
La corne plate avoit à sa base, dans
l'endroit où elle étoit dégagée du
poil, quatre pouces de large, et en
haut, deux pouces et demi. Cette
même corne avoit un pouce et un
quart d'épaisseur sur le milieu;
elle étoit taillée comme une lame
de couteau. Le dos avoit deux pouces, et le tranchant, un quart de
pouce.

L'HYENE.

L'Hyène, dont on voit ici la figure, (*Voy*. pl. XIV. n°. 2.) fut tuée à Teawa ; et c'est la plus grande que j'aie jamais vue. Elle avoit cinq pieds neuf pouces de longueur, depuis le museau jusqu'à la queue. Malgré sa haute taille, cette hèyne de l'Atbara n'étoit point très-grosse.

Sa queue étoit couverte de poils roides d'un brun rougeâtre, sans aucun anneau, ou bande noire sur les pointes. Le poil que l'animal avoit sur le cou étoit également dur, et de la même couleur. Un peu au-dessous il étoit de sept pouces de longueur. Quoiqu'il n'y eût pas de doute que ce poil ne se hérissât dès que l'hyène entroit en fureur, il étoit trop long pour offrir la même ré-sistance que des soies de sangliers. Cette crinière s'avançoit entre les oreilles, jusqu'à deux pouces au-delà de l'occiput. Mais le poil étoit bien plus court, dans cette partie.

L'hyène se tient fort mal sur ses jambes de derrière. Toutes les fois que cet animal est chassé d'un en-droit, et qu'il est obligé de courir, il boite tellement qu'on croiroit qu'il a les jambes de derrière cas-sées, et j'y ai été souvent trompé: mais au bout d'un moment, il se raffermit et court avec vîtesse. J'i-gnore absolument quelle est la cause de cette foiblesse instantanée.

Le ventre de l'hyène, que je tuai, étoit couvert d'un poil, beaucoup plus

plus court et plus doux que celui du dos; et du côté des jambes de devant, il étoit encore plus court qu'ailleurs. Sa couleur étoit d'un roux brun; et la tête et les oreilles étoient moins foncées que le reste. Les jambes de derrière étoient bien marquées de bandes noires, qui remontoient depuis la jointure d'en bas jusqu'au haut de la cuisse, où elles devenoient plus larges, et prenoient une forme circulaire. Sur les épaules, il y avoit aussi deux bandes, demi-circulaires; et plusieurs autres petites bandes rapprochées, marquoient le dehors des jambes de devant, de la même manière que celles de derrière. Le dedans de toutes quatre n'avoit aucune espèce de marque, non plus que le cou, la tête et les oreilles: mais un

Atlas.   F

peu au-dessus du thorax ; étoit une tache noire, fortement prononcée, qui remontoit jusqu'à l'extrémité de la mâchoire inférieure. La pointe du museau étoit noire ; et cette couleur s'étendoit en diminuant, jusqu'à quelques pouces plus haut.

Les hyènes sont excessivement brutes, paresseuses, sales et dépourvues de toute espèce de pudeur. Elles ont enfin des mœurs très-ressemblantes à celles du loup. Le courage qu'elles montrent, ne leur vient que de leur extrême voracité, et n'a rien de généreux. Aussi meurent-elles plus souvent en fuyant qu'en combattant. Cependant on ne peut pas dire que l'hyène manque de moyens, car c'est un des animaux les plus forts.

Quant à l'habitude qu'ont, dit-on,
les hyènes, de chercher leur nourriture dans les tombeaux, je crois
que c'est parce que les animaux de
cette espèce ne peuvent pas saisir une
proie vivante, qu'on les accuse de l'at-
taquer morte. Malgré beaucoup de
recherches, je n'ai pas pu avoir une
seule preuve que les hyènes eussent
déterré un cadavre. Les tombes
dans l'Orient, sont toujours couvertes de maçonnerie, et quoique la
loi de Mahomet défende de relever
ces ouvrages, lorsqu'ils sont con-
sumés par le temps, il y a grande
apparence que cela n'expose pas
beaucoup les cadavres à être dé-
vorés, parce qu'ils sont probablement réduits en poussière, avant
que le tombeau tombe en ruine.

F 2

Des plantes, de grosses racines bul-
beuses croissent dans les cimetières;
l'hyène les cherche; et c'est ce qui
a fait croire qu'elle cherchoit les
cadavres.

LA GERBOISE.

La gerboise est un innocent animal qui habite le désert, et qui n'est
pas si gros qu'un rat ordinaire. Son
poil est très-doux, très-brillant,
d'un brun jaunâtre et doré, et le
bout de chaque poil est un peu marqué de noir.

Cet animal choisit les endroits
où le sol est le plus uni, et sur-tout
celui où il y a un peu de gravier
solide, parce qu'il s'y terre plus facilement. Divisant sa demeure en

plusieurs petits compartimens, il semble craindre que la terre ne s'éboule sur lui. Il cache son trou sous quelques racines de serpolet, d'absinthe, ou de tithymale, afin que son toit soit soutenu et ne l'enterre pas tout vivant dans sa demeure. On le voit aussi choisir, de préférence, les endroits qu'habite le céraste, ou la vipère cornue. Certes, la nature a placé ces animaux dans les mêmes lieux, pour l'avantage de l'un ou de l'autre, et pour celui du genre humain. J'ai ouvert plusieurs cérastes, et je n'ai jamais trouvé qu'une seule gerboise dans le corps d'une femelle pleine; encore cette gerboise étoit elle presque digérée.

La gerboise se tient la plupart

du temps sur ses jambes de derrière.
souvent elle se couche sur le dos.
Je l'ai vue aussi quelquefois, mais
rarement, à plat-ventre : j'ignore
cependant si l'animal étoit malade,
ou fatigué, ou si cette posture lui
est naturelle. La gerboise de la Cy-
rénaïque, qui est représentée ici,
avoit six pouces et un quart de
long. Elle auroit eu un quart de
pouce de plus, si à l'instant qu'on
venoit de la tuer ou l'avoit étendue
avec soin. Elle avoit un pouce et
deux lignes depuis le bout du museau jusqu'à l'occiput, et depuis le
museau jusqu'à l'angle de l'œil, six
lignes. L'ouverture de l'œil étoit de
deux pouces et un quart. L'oreille
avoit trois quarts de pouces de long,
et un quart et un pouce de large.

L'animal l'a très-molle , et garnie , en dehors , d'un poil rare , mais dégarnie en dedans. Cette oreille est ronde et aussi large par le haut que par le bas. La gerboise a le derrière peint d'une bande noire et de forme demi-circulaire , qui part depuis l'origine de la queue, et va jusqu'au haut de la cuisse de devant. Ce demi-cercle lui donne l'air d'un animal extraordinaire , c'est-à-dire d'un rat, qui a des jambes d'oiseau ; et sa légèreté ajoute beaucoup à la ressemblance. Depuis cette bande jusqu'au centre de l'œil il y a trois pouces, et du même point à l'extrémité de la patte, trois pouces également. La queue à six pouces et un quart de long. Elle semble mal posée, et comme si elle étoit

attachée entre les cuisses , sans
qu'elle tienne à l'épine du dos.
Elle est mal garnie d'un poil
plus clair que celui du reste du
corps ; mais l'autre moitié est ornée
d'un beau poil long, dont le milieu
est blanc, et le bout d'un noir de
jais. Cette queue, qu'on croiroit
gênante par sa longueur, est d'un
très-grand avantage pour l'animal,
parce qu'elle le dirige dans ses
sauts.

Depuis l'épaule jusqu'à la jointure de la jambe de devant, la gerboise à un demi-pouce ; et depuis
cette jointure jusqu'à celle de la
patte, cinq huitièmes de pouce. La
griffe est courbée, et a un peu moins
d'un quart de pouce. La gerboise
a des moustaches très-longues, dont

quelques poils sont retroussés en arrière ; et d'autres vont en avant. Tout ces poils sont inégaux. Les plus longs ont un pouce et demi. Ce petit animal a le dessous du ventre blanc. Il semble naturellement très-propre, et son poil est toujours bien en ordre. Depuis son museau jusqu'au derrière de sa bouche il y a un demi-pouce. Il a la patte de derrière armée de quatre petites griffes en avant, et d'une cinquième en arrière ; celle-ci est surmontée d'une petite touffe de poil noir. La patte de devant a seulement trois griffes.

La gerboise est très-grasse. Les Arabes font rôtir les cuisses et une partie du dos de cet animal, et les mangent. J'ai goûté de cette viande, et ne l'ai point trouvée différente de celle d'un jeune lapin, ni pour la couleur, ni pour le goût.

Les casuistes arabes sont divisés sur la question de savoir si la gerboise n'est point immonde. Il y a fort peu de variétés dans l'espèce de cet animal, quoiqu'il habite une très-vaste étendue de pays. Sa queue sert de fourrure; et cette fourrure devient plus belle, plus on la porte.

LE FENNEC.

L'animal de ce nom (*Voy*. pl. XV. n°. 2.) me fut donné à Alger, par Mahomet Raïs, mon drogman, lorsque j'étois consul de la nation anglaise, auprès de cette régence. Je le gardai pendant plusieurs mois, afin de pouvoir étudier ses mœurs, et je le dessinai souvent ; j'en fis même un portrait en couleur, et de grandeur naturelle.

Depuis le bout du museau jusqu'à la naissance de la queue, cet animal avoit six pouces de long. Sa queue avoit environ cinq pouces et un quart. Le bout en étoit très-noir, et d'environ la longueur d'un pouce. L'animal avoit depuis l'extrémité

de l'épaule jusqu'au bout de la patte
de devant, deux pouces sept huitièmes. La longueur de ses oreilles
étoit de trois pouces trois huitièmes.
Elles avoient un pouce et demi de
large, et l'entonnoir en étoit très-
ouvert. Le dedans étoit garni d'un
poil très-doux, blanc et touffu sur
le bord, mais d'un poil rare et couleur de rose vers le milieu.

Ce fennec avoit la prunelle très-
grande et très-noire, et l'iris d'un
bleu foncé. Ses moustaches étoient
rondes et épaisses; et le bout de
son museau étoit pointu, noir et
très-lisse.

Un poil blanc roussâtre, ou couleur de crême, couvroit toute la
partie supérieure du corps. Le poil
du ventre étoit plus blanc, plus
doux

doux et plus long. L'animal avoit
plusieurs mamelles ; mais il étoit si
impatient, qu'on ne pouvoit les
compter : rarement il étendoit sa
queue dont le poil étoit plus rude
que celui du corps. Il avoit l'air
extrêmement fin et rusé. Le fennec
habite sur les arbres.

Le mien mangeoit, avec beaucoup de plaisir, les dattes et tous
les fruits doux dont je le nourrissois.
Il aimoit aussi beaucoup les œufs.
Quand il avoit faim, il mangeoit
volontiers du pain, sur-tout si l'on
mettoit dessus du miel, ou du sucre.

Dès qu'il y avoit un oiseau dans
une cage à côté de la sienne, ou
volant dans la chambre, il le sui-
voit sans cesse des yeux. On avoit
beau placer un biscuit à sa portée,

Atlas. G

ou chercher à le distraire de quelqu'autre manière, l'oiseau seul l'oc-
cupoit. Il étoit aisé de voir qu'il
étoit accoutumé à prendre des oiseaux, soit pour s'en nourrir, soit
pour exercer son adresse. D'un autre côté, la seule présence d'un chat
l'épouvantoit, et le forçoit à se cacher. Je n'ai jamais entendu sa
voix. Il aimoit à dormir pendant
le jour, et même on avoit peine à
le tenir éveillé; mais dès que la
nuit approchoit, il étoit extrêmement inquiet, et cherchoit à s'échap-
per. Il n'attaquoit pas le fil-d'archal;
mais lorsqu'il étoit dans une cage
de bois, il l'avoit bientôt brisée
sous ses dents tranchantes.

L'ASHKOKO.

Cet animal habite les nombreuses cavernes de l'Abyssinie. Il ne se creuse point un trou sous la terre, comme le rat et le lapin : la nature lui en a interdit les moyens, en ne lui donnant que des pieds, dont les doigts sont parfaitement ronds, d'une substance molle et délicate, et garnis d'ongles très-courts, d'ailleurs peu tranchans. Ces ongles ressemblent parfaitement à des ongles d'homme, mal venus. Sans doute ils ne sont destinés qu'à défendre le doigt mou de l'animal, et non à lui servir d'instrument.

Les ashkokos vont par troupes ; et quelquefois on voit plusieurs douzaines de ces animaux, réunis à l'entrée d'une caverne, tantôt se délectant au soleil, tantôt respirant la fraîcheur d'une soirée d'été. Ils ne se tiennent jamais droits sur leurs pieds; au contraire, ils semblent ramper avec précaution. Leur ventre touche à terre; et, après avoir fait quelques pas, ils s'arrêtent. Ils ont l'air d'être foibles, doux et timides. On les apprivoise aisément: mais si, dès le commencement qu'on les a, on les rudoie, ils mordent très-fort.

. L'ashkoko, représenté ici, avoit dix-sept pouces et un quart dans toute sa longueur. L'animal, de cette espèce, n'a point de queue. Au premier aspect, on le prendroit pour un rat. Son poil est gris, mélangé d'un rouge brun, et parfaitement semblable à celui d'un lapin de garenne. Le dessous du ventre est blanc, depuis l'extrémité de la mâchoire inférieure, jusqu'au derrière de la croupe. L'animal a tout le corps parsemé de poils longs et durs, comme le sont aussi ceux de ses moustaches, c'est-à-dire, d'environ deux pouces, ou deux pouces et un quart de long. Ses oreilles sont rondes. Je ne l'ai jamais entendu faire le moindre bruit; mais certainement il rumine.

Quand cet animal s'est attaché à quelqu'un, il le suit avec beaucoup d'activité; mais au moindre aspect d'un animal en vie, même d'un oiseau, il cherche à se cacher.

G 3

LE LYNX BOTTÉ.

Ce lynx, (*Voy*. XVI. n°. 2.) est très-joli, et, je crois, le plus petit de tous les lynx. Du bout du museau à l'origine de la queue, celui que je dessinai , n'avoit pas plus de vingt-deux pouces. Son dos, son cou et le devant de ses pieds étoient d'un gris sale, et, sous le ventre, d'un blanc sale, tacheté de rouge. Il avoit le dessous des yeux, ainsi que le côté du museau, d'un rouge brun. L'extérieur des oreilles étoit de la même couleur, mais plus foncée; le dedans étoit rempli d'un poil blanc et très-fin ; et, à l'extré- mité, l'on remarquoit un bouquet, l'une des marques caractéristiques de cette espèce. L'animal avoit, sur le derrière des pattes et des jambes, une raie noire; et c'est ce qui m'a engagé à le nommer lynx botté.

Sa queue avoit treize pouces de long. Les six derniers etoient marqués d'anneaux noirs; et le poil qui séparoit ces anneaux, sembloit presque blanc. Le reste de la queue étoit de même couleur que le dos. Ce lynx avoit l'iris de l'œil jaune.

Le lynx botté ressemble beaucoup au chat, tant par la longueur de sa queue, que par la forme de sa tête, qui est pourtant plus grosse que celle de ce dernier animal. Il habite le Ras el Feel; et, tout petit qu'il est, il vit fièrement parmi les rhinoceros et les éléphans.

OISEAUX.

Les oiseaux sont plus nombreux et plus variés en Abyssinie que toute autre espèce d'animaux. Les montagnes et les plaines en sont également remplies : mais ceux qui planent au-dessus des montagnes, c'est-à-dire, dans la haute Abyssinie, sont carnassiers. De ce nombre sont plusieurs espèces d'aigles, d'éperviers, de vautours, qui, pour ainsi dire, couvrent le pays.

Tous les arbres et les arbustes de l'Abyssinie fleurissent, et conséquemment portent des fruits, ou des graines, propres à nourrir différentes espèces d'oiseaux. Le temps de leur production est si favorablement arrangé par la nature, et se succède avec tant d'ordre, qu'elle est perpétuelle. Le côté de l'arbre, qui fait face au couchant, est le premier qui fleurit ; et les fruits se développent graduellement, de manière qu'on en voit qui sont à peine verts, quand les premiers sont en pleine maturité. Le côté, qui fait face au midi, suit la même progrssion. La fécondité traverse directement l'arbre, et passe soudain au septentrion. Le côté de l'orient est enfin le dernier qui fleurisse, et ses fruits durent jusqu'à la saison des pluies. A la fin d'avril, de nouvelles feuilles font tomber les anciennes, de sorte que l'arbre est toujours vert.

Les moyens que la nature a
préparés, en Abyssinie, pour les
animaux granivores, sont doublés
par une règle extraordinaire, mais
invariable dans la marche des saisons. Le pays est divisé par une
chaîne de montagnes sur le sommet
de laquelle passe une ligne, qui divise également les climats. Les oiseaux qui sont accoutumés à vivre
de quelques graines, ou de quelques
fruits particuliers, deviennent oiseaux de passage, et par une migration rapide, ils trouvent toujours de l'un des côtés des montagnes, la même nourriture que celle
dont les pluies viennent de les pri-
ver de l'autre.

On ne trouve pas en Abyssinie
beaucoup d'oiseaux aquatiques;

et les oiseaux à pieds palmés, sont plus rares encore. Je ne me rappelle pas d'avoir vu un seul de ceux qui sont le plus communs en Europe. En revanche, dans le mois de mai, lorsque les pluies redoublent, les campagnes sont peuplées de cigognes.

On voit des bécassines dans tous les marais en Éthiopie : mais je n'ai jamais aperçu dans les bois, un seul faisan. Il y a plusieurs espèces d'hirondelles qui nous sont inconnues, et l'on y trouve aussi toutes celles qui ne sont que passagères dans nos climats, et que l'hiver ramène en Afrique. J'en vis arriver beaucoup dans l'île de de Masuah. Fatiguées d'avoir traversé la mer, elles se reposoient un où deux jours ; puis elles profitoient du clair de lune pour continuer leur route vers le sud-ouest. Je reconnus une fois, dans le pays du Baharnagash, et une autre fois, dans la province du Tigré, l'hirondelle bleue, à queue fourchue, qui fait son nid aux fenêtres en Angleterre, et qui ne commence à le bâtir que dans la saison où les autres hirondelles se préparent à leur migration.

L'Abyssinie a peu de chouettes : mais celles qu'on y voit, sont très-grandes et d'une extrême beauté. Il y a une espèce de corbeau très-gros, dont le plumage est mêlé de noir et de brun. Cet oiseau porte sur le derrière de la tête, une couronne de plumes blanches en forme

de

de calice, et il a le bout du bec blanc. Je n'ai jamais vu en Abyssinie, ni moineaux, ni pies, ni chauve-souris. Les pigeons y sont en grand nombre, et leurs espèces très-diverses. Il y en a quelques-uns, excellens à manger. Tous, à l'exception d'une seule espèce, qui se loge dans les trous des murailles, sont oiseaux de passage. On ne trouve en Abyssinie qu'une seule espèce d'oie, l'oie dorée, ou l'oie du Nil, commune dans tout le midi de l'Afrique.

LE NISSER,
ou L'AIGLE D'OR.

La couleur de cet oiseau m'a engagé à le nommer l'aigle d'or, d'autant plus que le nom de Nisser, qu'il porte en Abyssinie, n'est qu'un mot générique, qui veut dire aigle.

Je crois que cet oiseau est non-seulement l'aigle de la plus grande espèce, mais encore l'un des plus grands oiseaux qui planent dans l'air. Celui qui est représenté ici, avoit huit pieds quatre pouces d'envergure; et quatre pieds sept pouces du bout de son bec à l'extrémité de sa queue. Il étoit très-charnu, et pesoit vingt-deux livres. Sa serre avoit deux pouces et demi de long. Elle n'étoit pas très-pointue, mais excessivement forte. Son bec avoit trois pouces un quart de long. Une touffe de poils , faisant une fourche , sortoit sous le creux de sa mâchoire inférieure. Son œil étoit très-petit , proportionnément à sa tête , dont le haut et tout le dessus jusqu'au bec , étoit absolument dépourvu de plumes.

Je tirai ce monstrueux oiseau , tandis que j'étois sur le sommet de la haute montagne de La-malmon. Quand j'allai le ramasser, je ne fus pas peu surpris de trouver mes mains couvertes d'une poudre jaune. Je retournai l'oiseau, et je vis que les plumes de son dos répandoient aussi de la

H 2

poudre brune , c'est-à-dire de la couleur dont elles étoient. Les plumes du ventre et de la gorge étoient d'une belle couleur dorée. Les pennes des ailes étoient formées en petits tubes , de manière que quand on les pressoit, il en sortoit de la poudre , qui se répandoit sur la partie la plus fine de la plume.

Il est impossible de dire avec certitude pourquoi la nature a pourvu cet oiseau d'une si grande quantité de poudre. Peut-être la lui a-t-elle donnée, ainsi qu'aux autres habitans ailés de ces hautes montagnes, comme un moyen nécessaire de résister à la pluie.

L'AIGLE NOIR.

Le petit aigle, dont on voit ici
la figure, (*Voy.* pl. XVII, n°. 2.)
étant poursuivi par d'autres oiseaux
de proie, se réfugia dans la tente
et presque sous le sopha du roi
d'Abyssinie, qui me l'envoya.

Son plumage étoit d'un brun
foncé, ou presque noir. Cet animal avoit, depuis le bec jusqu'à
l'extrémité de la queue, deux
pieds quatre pouces, et quatre
pieds six pouces d'envergure. La
quatrième penne de ses ailes étoit
blanche. Les plumes de dessous les
côtés étoient bleuâtres, tachetées
de blanc, et celles de dessus,
noires et blanches. Les cuisses et

H 3

les jambes étoient couvertes de plumes jusqu'en bas. L'animal avoit les pieds jaunes et armés de fortes griffes noires. Le dessous des ailes étoit blanc, mélangé de brun. Cet aigle avoit l'œil noir, avec une teinte couleur de feu. L'iris en étoit jaune, et l'ensemble magnifique.

LE RACHAMAH,
ou LA POULE DE PHARAON.

Le rachamah se trouve dans quelques cantons de la Syrie et de la Barbarie ; mais il n'est nulle part aussi commun qu'en Egypte, surtout aux environs du Caire. Les Européens l'appellent poule de Pharaon. C'est un vautour de la plus petite espèce ; mais l'étendue de ses aîles, et la manière dont il élève sa tête, le font paroître bien plus grand qu'il ne l'est.

Cet oiseau a le bec très-fort et très-pointu. Le bout en est noir, et de la longueur d'environ trois quarts de pouce. Le reste est couvert d'une membrane jaune et charnue, qui

l'enveloppe par-dessus et par-
dessous, ainsi que le devant de
la tête et le dessous de la gorge,
et qui se termine en pointe très-
aiguë au bas du cou. Depuis le milieu de la tête où finit cette membrane, jusqu'à la queue, le corps
de l'oiseau est parfaitement blanc ;
mais les pennes des ailes sont noires, et au nombre de six. Ensuite,
il y a trois petites plumes de couleur gris de fer, plus clair vers le
milieu ; celles-ci sont recouvertes
par trois autres encore plus petites
et semblables pour la forme, mais
dont la couleur est d'un gris
rouillé. Les couverts des pennes
des aîles ont le bout gris de fer, de
la longueur de cinq quarts de pouce
et le reste est parfaitement blanc.

La queue du rachamah est fort large, et d'abord très-épaisse ; mais elle va en diminuant, et se termine en pointe, quoiqu'elle ne soit point composée de grandes plumes, et qu'elle ne dépasse pas le bout des ailes de plus d'un demi-pouce. La cuisse est garnie d'un duvet très-doux. Les jambes sont d'un blanc sale, et presque couleur de chair, et elles sont couvertes de tubercules charnus et mous. La serre est partagée en quatre doigts, et ces doigts sont armés de griffes noires et très-crochues.

———

L'ERKOUM,
ou LE CORBEAU CORNU.

Il paroît que l'Erkoum fait partie d'une tribu considérable d'oiseaux, dont la plus grande variété est dans le bec et dans la corne. Les uns ont cette corne sur le bec, les autres l'ont sur la tête. J'ai fait présent, au cabinet du roi de France, du premier Erkoum qui ait été vu entier; et je donne ici la figure (*Voy.* pl. XVIII, n°. 2.) que j'en ai faite pendant qu'il étoit en vie. C'est aussi, je crois, la première que l'on ait publiée.

La couleur des yeux de l'Erkoum est d'un brun foncé, mêlé d'une teinte rouge, mais plus noire autour de la prunelle. Cet oiseau a de grands sourcils , sur-tout à la paupière d'en haut. De la pointe de son bec à l'extrémité de sa queue , il y a trois pieds dix pouces. Ses ailes ont six pieds d'envergure , et vingt-deux pouces de long.

L'Erkoum est noir , ou plutôt d'un noir mêlé de couleur de suie. Les pennes de ses ailes sont au nombre de dix , et d'un blanc de lait en dessus et en dessous. Le bout de ses ailes atteint presque le bout de sa queue. Il a , comme le coq d'Inde , le cou couvert de tubercules charnus qui sont bleuâtres , et deviennent rouges , lorsque l'oiseau est irrité , ou que sa femelle couve.

J'ai vu l'Erkoum suivi de dix-huit petits. Il court plus volontiers qu'il ne vole : mais quand une fois il s'est élevé, il fend l'air avec force et va très-loin.

L'ABOU HANNES,
ou L'IBIS.

L'ancien nom de cet oiseau s'est perdu. Celui sous lequel on le connoît aujourd'hui, en Abyssinie, n'est qu'un sobriquet, qui signifie le Père Jean ; et on le lui a donné, parce qu'il paroît ordinairement le jour de la Saint-Jean.

D'un autre côté, l'on voit par l'histoire d'Égypte et d'Éthiopie, que nous avons perdu un oiseau, qui fut jadis très-remarqué : c'est l'Ibis auquel on rendoit des honneurs

neurs divins, et dont le corps étoit embaumé et conservé avec le même soin que les restes de l'homme. Il y a encore des ibis embaumés, dans beaucoup d'endroits de l'Egypte. On en trouve aussi dans toutes les collections qui sont entre les mains des curieux. Mais quoique les ingrédiens caustiques dont on s'est servi pour les injecter, aient singulièrement altéré leur forme et la couleur de leur plumage, je suis convaincu, d'après la comparaison que j'en ai faite avec l'Abou Hannès, que celui-ci n'est autre que l'ibis.

L'Abou Hannès a le bec vert en dessus et noir en dessous. Sa tête est brune; et la même couleur s'étend jusqu'au dos, qu'il a blanc, ainsi

Atlas.   I

que la gorge, l'estomac et les cuisses.
Il est d'un noir foncé sur les
pennes des ailes, jusqu'à treize
pouces de la queue, ainsi que depuis l'extrémité de celle-ci, jusqu'à six pouces sur le dos.

M. de Buffon a publié la figure
d'un oiseau, qu'il appelle l'Ibis
blanc d'Egypte. Cette figure ne ressemble en rien à l'oiseau qu'elle
est destinée à représenter, et l'on
peut être assuré qu'il n'y a point en
Egypte d'ibis pareils à celui-là.
Tous ceux qu'on a tirés des cata-
combes sont blancs et noirs, comme
les historiens les ont décrits. Celui
de M. de Buffon est tellement dé-
guisé, dans sa forme et dans sa
couleur, qu'il est impossible de le
reconnoître.

LE MOROC.

Cet oiseau (*Voy*. pl. XIX. n°. 2.)
a le dedans de la bouche et la
gorge jaune. Le plumage qui couvre
la tête et le cou, est brun sans
aucun mélange. La racine du bec
est entourée de beaucoup de petits
poils très-fins. Les sourcils sont
noirs, ainsi que la prunelle; et
l'iris est d'un rouge brun. Le devant du cou est jaune, et plus
foncé sur les côtés que dans le
milieu, qui est en partie blanc. Le
jaune de chaque côté du cou, s'é-
tend jusques sur la rondeur des
ailes. Toute la gorge et le ventre,
jusques sous la queue, sont d'un
blanc sale. Le bout des plumes

de la queue est agréablement peint
en blanc ; le bout des couverts des
ailes est également peint, mais d'un
blanc plus clair, et ce blanc s'é-
tend à mesure que les plumes sont
plus longues. Les cuisses sont gar-
nies de plumes de la même couleur
que le ventre. Les jambes et les
pieds sont noirs, et couverts d'une
membrane qui forme des espèces
d'écailles.

LE SHEREGRIG.

Le sheregrig doit son nom à l'éclat de son plumage, et ce nom dérive d'un mot, qui signifie briller. Le dessous du ventre et des ailes est d'un bleu magnifique. Le haut du corps et une partie du dessus des ailes, est d'un bleu foncé. Le milieu de celles-ci est varié par une raie transversale d'un bleu très-clair; et l'extrémité ainsi que les pennes des ailes, en est d'un bleu noir. Les deux plumes de la queue sont d'un bleu clair; mais les longues plumes pointues sont d'un bleu tout aussi foncé que les pennes des ailes. Le bec est entouré d'un cercle de plumes blanches.

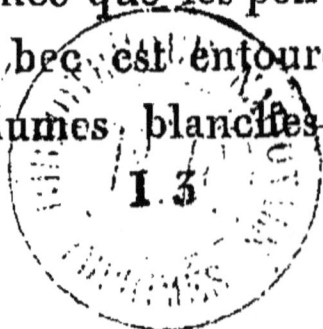

I.3

et garni de chaque côté d'un petit
bouquet de poils, en forme de moustaches. Les yeux sont noirs et bien
proportionnés; et l'iris est de couleur de feu. Le dos est d'un brun
très-clair tirant sur la couleur isa-
belle, et ayant une légère teinte
de rouge. Les pieds sont couleur de
chair et écaillés.

LE WAALLA.

Ce pigeon (*Voy*. pl. XX. n°. 2.)
a tout le dos et une partie des cou-
vertures des ailes d'un beau vert,
plus clair que le vert d'olive, mais
sans lustre. Sa tête et son corps
sont d'un vert plus sombre; et son
bec, sur lequel sont des narines
très-ouvertes, est d'un bleu blanchâtre. Il a la prunelle noire et

l'iris de couleur d'orange. Le haut des ailes est d'une belle couleur pompadour. Les pennes, sont noires, et l'extrémité en est marquée de blanc. La queue est d'un bleu sale par-dessus, et tachetée de brun et de blanc par-dessus. La cuisse est également couverte d'un plumage blanc, tacheté de brun. Le ventre est jaune, et les jambes et les pieds sont d'un jaune brun.

J'ai vu dans la collection de M. de Buffon, un oiseau, à-peu-près pareil à celui-ci, et venant de l'ouest de l'Afrique. Mais les oiseaux de M. de Buffon sont en général, si mal dessinés et si mal enluminés, qu'on ne peut pas compter sur la ressemblance.

EL ADDA.

L'el adda dont je donne la description et le dessin, avoit six pouces et deux lignes. Les jambes de ce lézard sont assez longues : mais malgré cela, quand il marche, il a l'air de ramper, et son ventre touche, pour ainsi dire, à terre. Sa queue se rompt facilement, mais elle se renouvelle ; et j'ai vu plusieurs animaux de cette espèce, à qui elle avoit repoussé, sans qu'on pût presque distinguer l'endroit où elle avoit été séparée. L'el-adda a la tête d'un brun plus foncé que le corps, et l'occiput plus brun encore que le reste de la tête, toute entière bariolée de lignes noires très-fines. Ses petits

yeux sont défendus par des cils
fort durs. L'une et l'autre mâchoire
est garnie de dents courtes, fines,
et très-foibles.

Ce petit animal paroît avoir
de la peine à tourner la tête,
Son corps est d'un jaune clair,
presque couleur de paille, et
coupé par huit bandes noires et
transversales. Les écailles de son
dos sont grandes et fort serrées.
Leur surface est très - polie, et
semble couverte d'un beau ver-
nis. Les pieds sont composés de
cinq doigts, armés d'ongles assez
foibles, les ongles sont bruns, et
l'extrémité en est noire.

LA MOUCHE, ou LE ZIMB.

Cet insecte (*Voy.* pl. XXI. n°. 2.)
prouve qu'on ne doit pas juger trop
légèrement des êtres. En ne consi-
dérant que la petitesse de sa taille,
sa foiblesse apparente, son peu de
beauté, on croiroit certainement
qu'il n'y a rien de plus insignifiant
et de plus méprisable dans la nature : mais si l'on examine ensuite
les effets terribles de sa puissance,
on est obligé d'avouer qu'on l'a-
voit d'abord bien mal apprécié.
Les monstres énormes des forêts,
l'éléphant, le rhinoceros qui habi-
tent les mêmes contrées que la
mouche, lui sont bien inférieurs;
et le seul bourdonnement de ce
petit insecte répand plus de terreur

et de désordre parmi les hommes et les animaux, que tous les monstres de ces contrées ne pourroient en causer quand ils seroient le double plus nombreux qu'ils ne le sont.

La Providence semble avoir à jamais circonscrit la demeure de cette mouche dans un sol noir, gras et excessivement fertile. Cet insecte n'a point d'aiguillon, et cependant, il semble tenir beaucoup de l'espèce de l'abeille. Mais il est en même temps bien plus vif et bien plus prompt; et en cela il ressemble au taon. Son bourdonnement a quelque chose de très-particulier : c'est à-la-fois un bruit sourd et éclatant qui forme une discordance, et qui probablement, est en partie produit par la vibration de trois poils que la mouche a sur sa trompe.

La version chaldéenne de la bible, appelle simplement cet insecte zebud, mot qui signifie, en général, la mouche. La version arabe l'appelle zimb, mot qui a la même signification. Mais la version éthiopienne l'appelle tsaltsalya, qui est le nom particulier de cette espèce de mouche, en géez, ainsi qu'en hébreu.

LE CÉRASTE,
ou LA VIPÈRE CORNUE.

La longueur ordinaire du céraste est de treize à quatorze pouces, à prendre depuis l'extrémité de la bouche jusqu'à l'extrémité de la queue. Il a la tête triangulaire, très-plate, mais se relevant un peu

sur

sur le devant et à la jonction du cou.
La tête a dix lignes de long, et
neuf de large. Le corps a dix lignes
dans l'endroit où il est le plus gros.

Le céraste a seize petites dents im-
mobiles. Sa mâchoire supérieure est
en outre armée de deux dents cani-
nes, creuses, courbées en-dedans,
d'un extrême poli, et d'un blanc tirant sur le bleu. En-dehors de celles-
ci, est une petite fente, par laquelle
je m'imagine que l'animal lance
son venin. On croit qu'il ne mange
que très - rarement, ou plutôt
qu'il ne mange que dans le temps
de sa gestation.

Le céraste est excessivement agile.
Il va avec la même rapidité dans
tous les sens. Quand il veut sur-
prendre quelqu'un, très-loin de lui,

Atlas.   K

il rampe de côté, et en détournant la tête jusqu'à ce qu'il se voie assez près, puis il se retourne, se relève, et court extrêmement vîte.

Je m'imagine que cet animal est le même que l'aspic dont se servit Cléopâtre pour se donner la mort. Alexandrie, abondamment pourvue d'eau, avoit alors toutes sortes de fruits dans ses jardins. C'est donc là qu'on recueillit les paniers de figues que l'on porta à la reine d'Egypte. L'aspic ou le céraste, qui étoit caché sous ces figues, sortoit du désert voisin où il y a encore beaucoup d'animaux de la même espèce.

Gallien, en parlant de l'aspic, dit qu'il a vu, dans la ville d'Alexandrie, combien la mort, occasionnée par cet animal, étoit prompte. Toutes les fois qu'une personne étoit condamnée à perdre la vie, et vouloit mourir sans souffrir, elle mettoit un aspic dans son sein; et l'y laissant se réchauffer, elle étoit sûre de périr bientôt.

L'histoire nous apprend que, dans tous les pays infestés de serpens, les hommes ont connu le secret de dompter ces animaux. Les anciens Psylles et les Marmarides avoient sans doute le même art.

Il est important qu'on observe bien les cornes qui sont au-dessus des yeux du céraste qu'on voit ici. Ces cornes sont cannelées et se divisent en quatre. Ses dents méritent aussi d'être remarquées. Je les ai dessinées telles qu'on les voit à travers le microscope. Le noir représente la palette d'un peintre. Il falloit que cela fût ainsi pour faire ressortir la blancheur de la dent.

FIN DE L'ATLAS.

DE L'IMPRIMERIE DE G. MUNIER.

Pl. II.

Gravé par Tardieu l'Ainé.

Le joueur de Harpe

Gravé par Tardieu L'Aîné.

Caravane en marche.

Pl. IV.

Gravé par Tardieu l'Ainé.

Femme arabe.

Pl. V.

gravé par Tardieu l'Aîné.

Chaik arabe.

Gravé par Tardieu L'Ainé

Arbre de Baume.

Pl. VI.

Pl. VII.

Gravé par Tardieu l'Ainé

Branche de Myrrhe.

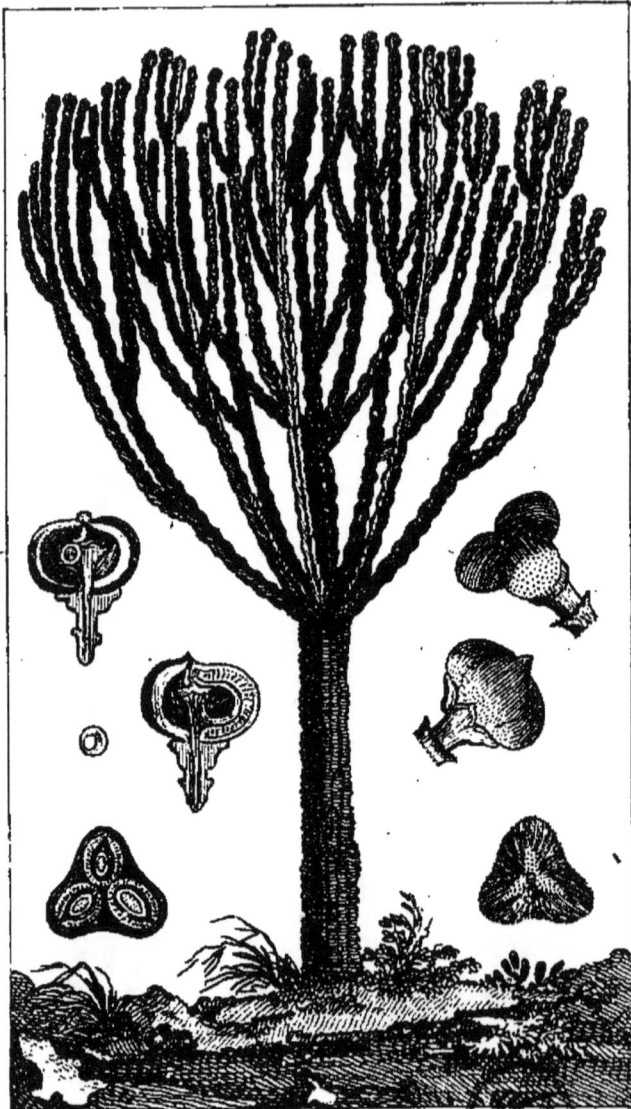

Pl. VIII.

Grave par Tardieu l'Ainé.

Kol-Qual.

Pl. IX.

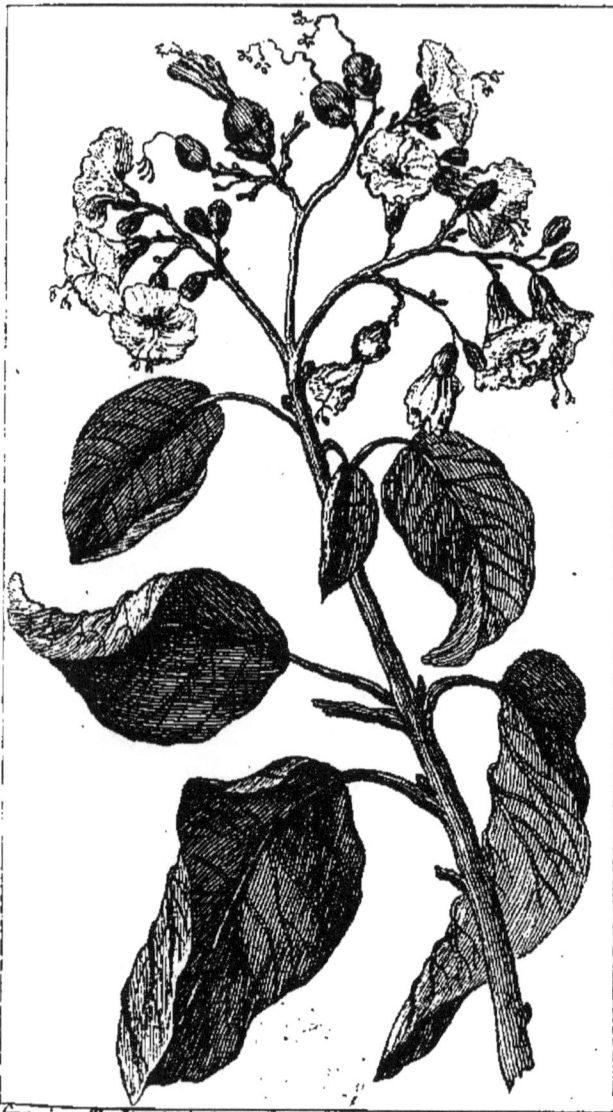

Wanzey.

Pl. X.

Gravé par Tardieu l'Ainé.

Kouara.

Pl. XI.

Grave par Tardieu L'ainé.

Walkouffa.

Wouginouā.

Gravé par Tardieu l'Ainé .

Teff.

Pl. XIV.

1. *Rhinocéros.*

Gravé par Tardieu l'Ainé.

2. *Hiene.*

Pl. XV.

1. *Gerboise*.

Gravé par Tardieu L'Aîne.

2. *Fennec*.

Pl. XVI.

1. Askoko.

Grané par Tardieu l'Ainé.

2. Lynx botté.

Pl. XVII.

1. *Aigle d'Or.*

2. *Aigle Noir.*

Pl. XVIII.

1. *Rachamah.*

Gravé par Tardieu l'Ainé.

2. *Erkoum.*

Pl. XIX.

1. Ibis.

Gravé par Tardieu L'Aîné.

2. Moroc.

Pl. XX.

1. *Sheregrig*.

Gravé par Tardieu l'Aîné.

2. *Waalia*.

L'El Hha et la Mouche.

Pl. XXI.

Gravé par Tardieu L'ainé.

Céraste.

Pl. XXIV.

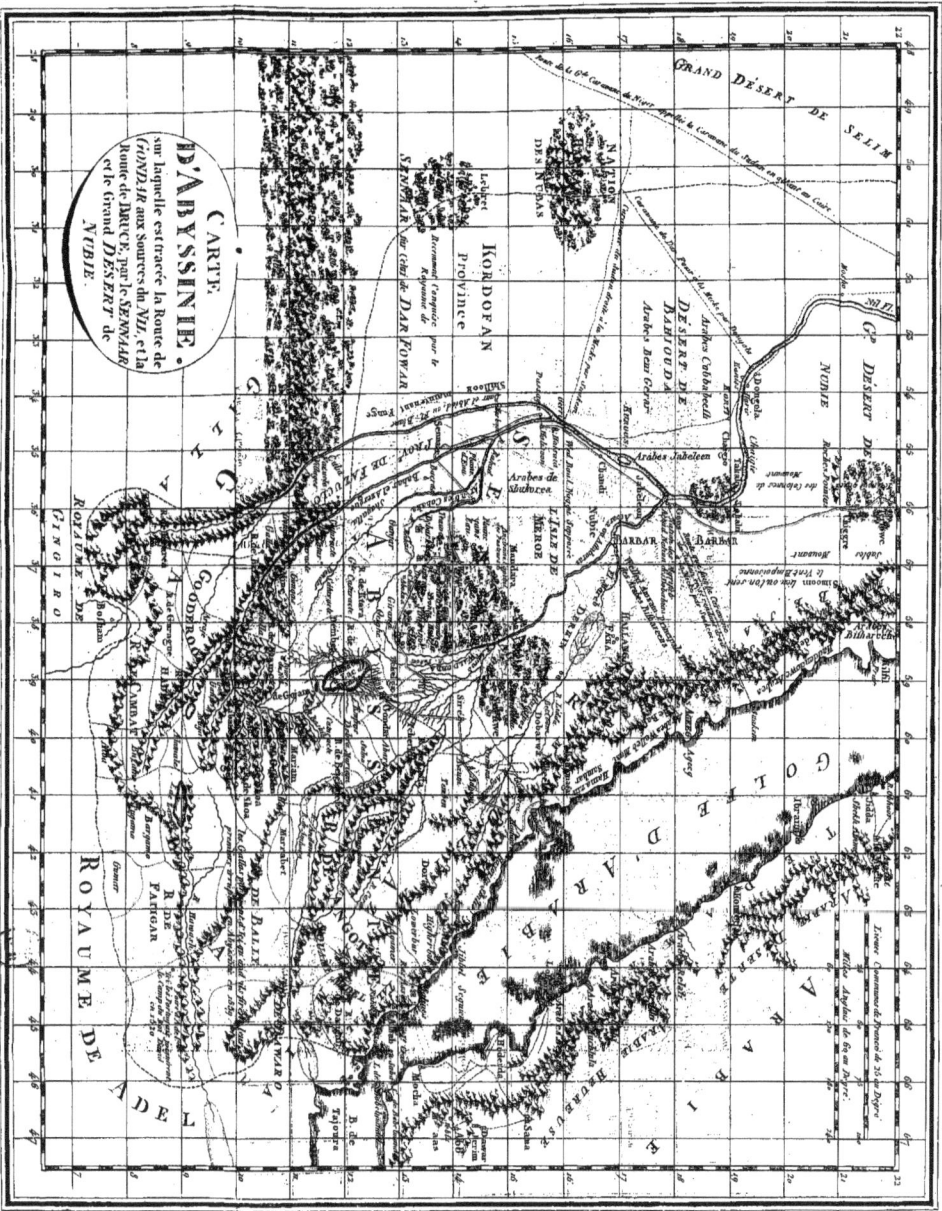

CARTE
D'ABYSSINIE
sur laquelle est tracée la Route de
GONDAR aux sources du NIL, et la
Route de BRUCE, par le SENNAAR
et le Grand DÉSERT de
NUBIE.

GRAND DÉSERT DE SELIM

KORDOFAN
Province

DÉSERT DE
BAHIOUDA
Arabes Bea Gérar

Gd DÉSERT DE
NUBIE

NATION
DES DINKAS

DÉSERT DE DAR-FOUR

SENNAAR

L'ISLE DE MEROE

BARBAR

Arabes Iabeleen

Arabes de Wuchrea

GOLFE D'ARABIE

ARABIE

ROYAUME DE ADEL

ROYAUME DE
SENNAAR

GINGIRO